Texte : Évolution

Traduction : Jadi Kindred – anglais / Paola Pineda – espagnol / Yu Wen- mandarin
Illustration : Manon Larivière

Édition : Évolution

Dépôt légal
Bibliothèque et Archives nationales du Québec
Bibliothèque et Archives Canada
Novembre 2019

Copyright © Évolution, 2019
Tous droits réservés.
ISBN - 978-1-9991274-1-1

Créé au Québec

*Ce livre appartient à... This book belongs to...
Este libro pertenece a... Zhè běn shū shǔyú...*

_____
Nom / Name / Nombre / Míng zì

Devinez quoi! C'est aussi un LIVRE AUDIO!

Comment profiter pleinement de votre expérience avec ce LIVRE AUDIO :

Étape 1
Visitez evolutionresources.fun à partir de votre cellulaire, de votre ordinateur ou de votre tablette.

Étape 2
Allez dans la section PISTES AUDIO, choisissez la langue dans laquelle vous souhaitez entendre l'histoire.

Étape 3
Laissez-vous transporter dans l'univers de Noitulové, notre savante loufoque.

Guess what, it is also an AUDIOBOOK!

How to fully enjoy your experience with this AUDIOBOOK:

Step 1
Visit evolutionresources.fun on your cell phone, your computer or your tablet.

Step 2
Go to the PISTES AUDIO section, choose the language you want to listen to.

Step 3
Let Noitulové, our zany scientist, take you to her universe.

À tous les petits et grands voyageurs de ce monde,
À tous ceux qui croient que le plurilinguisme est une richesse pour la vie,
À Maïka et Pénélope, petites âmes plus grandes que nature,
À Lyvia et Stella, rayons de soleil au quotidien,
À tous les enfants à qui j'ai enseigné et qui sont maintenant grands,
Gardez votre cœur d'enfant et rêvez grand.

À toutes les femmes derrière ce livre, continuez de changer le monde à votre façon,

Geneviève, Mélissa, Stéphanie.

Noitulové loves to travel!

Noitulové adore voyager!

¡A Noitulové le encanta viajar!

Noitulové Rèài lǚxíng

Let's explore Canada, Mexico and China

Explorons le Canada, le Mexique et la Chine

Exploremos Canadá, México y China

Tànsuǒ Jiānádà, Mòxīgē hé Zhōngguó

Hello! My name is Noitulové and I love to travel!

Bonjour! Mon nom est Noitulové et j'adore voyager!

¡Buenos días! ¡Mi nombre es Noitulové y me encanta viajar!

Nǐhǎo! Wǒ de míngzì shì Noitulové, wǒ rèài lǚxíng !

Board my giant maple leaf and let's go to Canada.

Embarquons sur ma feuille d'érable géante et partons pour le Canada.

Subamos sobre mi hoja de arce gigante y vayamos a Canadá.

Tà shàng wǒ jùdà de fēngyè, wǒmen qiánwǎng Jiānádà。

These trees produce maple water. Once boiled, the water turns into a very sweet and delicious syrup called maple syrup.

Ces arbres produisent de l'eau d'érable. Une fois bouillie, l'eau se transforme en sirop très sucré et savoureux appelé sirop d'érable.

Estos árboles producen un líquido conocido como el agua de arce. Una vez hervida, esta agua, se transforma en un jarabe muy dulce y sabroso llamado jarabe de arce.

Zhèxiē shù chǎn fēng shuǐ 。 Shāo kāi hòu, fēng shuǐ jiù biànchéng le hěn tián, měiwèi de tángjiāng, jiàozuò fēngtángjiāng 。

With the sound of Canadian folk music, the sugar shack welcomes families who come together to taste local products, including maple taffy.

Au son de la musique folklorique canadienne, la cabane à sucre accueille les familles qui se réunissent pour aller déguster des produits locaux, dont la tire d'érable.

Al sonido de la música folclórica canadiense, las cabañas tradicionales, más conocidas como las cabañas de azúcar acogen las familias que se reúnen para ir a degustar los productos locales, como la paleta de arce.

Bànsuí zhe jiānádà mínjiān yīnyuè de gēshēng, fēngtángwū kuǎndài huānjù zài yīqǐ pǐncháng bāokuò fēngtáng tàifēitáng chǎnpǐn de jiātíng。

This moment reminds me that there is also a very important event for families in another country!

Ce moment me rappelle qu'il y a aussi un évènement très important pour les familles dans un autre pays!

Esto me recuerda otro país, donde las familias también se reúnen para celebrar una tradición!

Cǐkè ràng wǒ xiǎngqǐ le, zài lìngwài yī gè guójiā, yě yǒu yī gè shífēn zhòngyào de jiātíng shíkè。

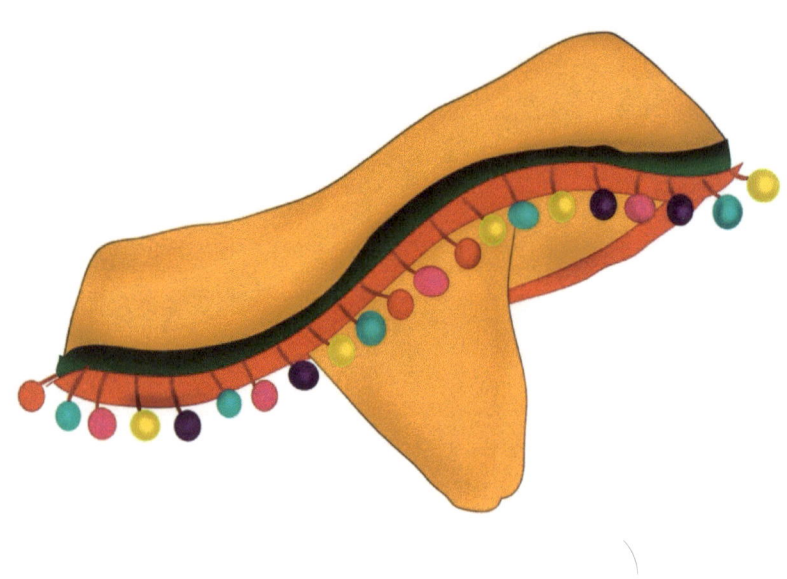

Let's take my sombrero and go to Mexico!

Prenons mon sombrero et rendons-nous au Mexique!

¡Tomemos mi sombrero y vayamos rumbo a México !

Dàizhe wǒ de kuòbiānmào, wǒmen qù Mòxīgē !

It's so pretty! It's November 2nd and it's El día de los muertos, the Day of the Dead Celebration. Mexicans celebrate with face painting of La Catrina and altars filled with offerings.

Comme c'est joli! Nous sommes le 2 novembre et c'est El día de los muertos, la fête des morts. Les mexicains célèbrent avec des maquillages de La Catrina et des autels remplis d'offrandes.

¡Qué bonito! Es el 2 de noviembre y aquí es El día de los muertos, la fiesta de los muertos. Los mexicanos celebran con maquillajes de La Catrina y con altares llenos de ofrendas.

Zhēn piàoliang! Jīntiān shì shíyī yuè èr rì, shì El día de los muertos, wánglíngjié. Mòxīgē rén huà zhe La Catrina zhuāng hé zhuāngmǎn gòngpǐn de jìtán lái qìngzhù。

The festivities last up to one week in some cities. This event helps to remember the nice times with loved ones that are now gone.

Les festivités durent jusqu'à une semaine dans certaines villes. Cette occasion sert à remémorer les beaux moments passés avec les êtres chers perdus.

En ciertas ciudades, las festividades pueden durar hasta una semana. En esta fiesta, se recuerda a los seres queridos que ya han partido y los bellos momentos pasados junto a ellos.

Zài yīxiē chéngshì, kuánghuān huì chíxù yīzhōu. Zhège jiérì ràng rénmen huíyì qǐ yǔ shīqù qīnrén yīqǐ de měihǎo shíkè。

Look! A Chinese lantern, it has nothing to do with Mexico! Hang on to it to find out where it will take us.

Regarde! Une lanterne chinoise, elle n'a rien à faire au Mexique! Accroche-toi afin de découvrir où elle nous mènera.

¡Mira! ¡Un farol chino, qué hace aquí en México! Sujétate y así descubriremos donde nos llevará.

Kàn! Yī gè zhōngguó dēnglóng, tā zài Mòxīgē wúshìkězuò! Kànkàn tā jiāng dàilǐng wǒmen qù nǎlǐ。

It's wonderful! It's undoubtedly the Harbin Ice and Snow Sculpture Festival here in China. Let's take a closer look.

C'est magnifique! C'est assurément le festival d'Harbin ici, en Chine. Allons voir de plus près.

¡Qué maravilloso! Es seguramente el festival de Harbin en China. Vayamos a ver más de cerca.

Zhēn zhuàngguān! Zhè juéduì shì Zhōngguó de Hāěrbīn bīngxuě jié. Ràng wǒmen zǐxì kàn kàn 。

We will enjoy the cold weather and make illuminated snow and ice sculptures! The Chinese owe this technique to the peasants and fishermen of the time who made lamps with ice.

On profite du temps froid pour faire des sculptures de neige et de glace illuminées! Les chinois doivent cette technique aux paysans et pêcheurs de l'époque qui fabriquaient des lampes de glace.

¡Aprovechemos que hace frío para poder hacer esculturas de nieve y de hielo iluminadas! Los chinos aprendieron esta técnica de sus ancestros campesinos y pescadores, los cuales fabricaban lámparas de hielo.

Wǒmen xiǎngshòu hánlěng, zhìzuò zhàomíng de bīngdiāo xuědiāo! Zhōngguórén bǎ zhèzhǒng jìshù guīgōng yú nàgè niándài zhìbīngdēng de nóngmín hé yúmín。

Did you like to learn new things about these three countries?

As-tu aimé apprendre de nouvelles choses à propos de ces trois pays?

¿Te gustó aprender nuevas cosas sobre estos tres países?

Nǐ xǐhuān xuéxí zhè sāngè guójiā de xīnshìwù me ?

Thank you for traveling with me! You are very good company! See you soon!

Merci d'avoir voyagé avec moi! Tu es de très bonne compagnie! À bientôt!

¡Gracias por haber viajado conmigo! ¡Eres una muy buena compañía! ¡Hasta pronto!

Xièxie gēn wǒ yīqǐ lǚxíng! Nǐ shì hěnhǎo de lǚbàn! Zàijiàn !

Here is a small glossary to learn keywords in French, English, Spanish and Mandarin. To know how to pronounce each word, we invite you to have fun with Noitulové on our website.

Voici un petit lexique pour apprendre des mots-clés en français, anglais, espagnol et mandarin. Afin de bien savoir comment les prononcer, viens t'amuser avec Noitulové sur notre site internet.

Aquí podrás encontrar un pequeño glosario para aprender las palabras claves en francés, inglés, español y mandarín. Para que aprendas a pronunciar bien, ven a divertirte con Noitulové en nuestro sitio de internet.

Xiàmiàn shì xuéxí fǎyǔ, yīngyǔ, xībānyá yǔ hé hànyǔ de guānjiàncí cíhuìbiǎo. Wèile gèng zhǔnquè de, fāyīn huānyíng hé Noitulové lái wǒmen de wǎngzhàn yīqǐ wáner。

evolutionresources.fun

Glossary	**Lexique**	**Glosario**	**Cíhuìbiǎo**
Anglais	*Français*	*Espagnol*	*Chinois*
My name is	Mon nom est	Mi nombre es	Wǒ de míngzì shì-
Maple leaf	Feuille d'érable	Hoja de arce	Fēngyè
Trees	Arbres	Árboles	Shù
Maple syrup	Sirop d'érable	Jarabe de arce	Fēngtángjiāng
Folk music	Musique folklorique	Música folclórica	Mínjiān yīnyuè
Family	Famille	Familia	Jiātíng
Sombrero	Sombrero	Sombrero	Kuòbiānmào
Pretty	Joli	Lindo	Piàoliang
Celebration	Fête	Fiesta	Jiérì
Festivities	Festivités	Festividades	Kuánghuān
Weeks	Semaines	Semanas	Zhōu
Cities	Villes	Ciudades	Chéngshì
Wonderful	Magnifique	Magnífico	Zhuàngguān
Cold	Froid	Frío	Lěng
Sculpture	Sculpture	Escultura	Diāosù
Snow	Neige	Nieve	Xuě
Peasants	Paysans	Campesinos	Nóngmín
Fishermen	Pêcheurs	Pescadores	Yúmín
Lamps	Lampes	Lámparas	Dēng
See you soon	À bientôt	¡Hasta pronto!	Yīhuǐ jiàn, Zàijiàn

www.ingramcontent.com/pod-product-compliance
Lightning Source LLC
Chambersburg PA
CBHW040310080426
42451CB00001BC/3